AF236787

Bodenarbeit für Anfänger

Mit einfühlsamer Bodenarbeit zu mehr
Verständnis, Sicherheit und Vertrauen
zwischen Pferd und Reiter

inkl. Zirkuslektionen und Stangenarbeit
mit Pferden

Bianca Collmann

FSC
www.fsc.org
MIX
Papier aus ver-
antwortungsvollen
Quellen
Paper from
responsible sources
FSC® C105338

INHALT

Vorwort: Das erwartet Sie in diesem Buch

In diesem Buch sollen Sie einen ausführlichen Einblick in die Welt der Bodenarbeit bekommen, der Lust auf mehr macht. Der ausgiebige Theorieteil befasst sich mit dem Grundwissen der Bodenarbeit, der Geschichte sowie den verschiedenen Methoden der Bodenarbeit. Welche Arten von Bodenarbeit gibt es? Was ist das überhaupt und wozu sollen Sie die Bodenarbeit eigentlich nutzen?

Das und mehr wird in diesem Buch erklärt. Sie sollen lernen, warum die Bodenarbeit am Pferd so wichtig ist und welche tollen Effekte das Arbeiten ohne Reitergewicht haben kann. Zusätzlich erfahren Sie Wissenswertes über die richtige Ausrüstung und Kommunikation mit dem Pferd. Dieses Buch möchte Sie ausreichend auf die Praxis vorbereiten, denn ohne ausreichend Grundwissen, passende Ausrüstung und wertvollem Miteinander zwischen Pferd und Reiter fruchtet die Bodenarbeit nicht.

Anschließend führt sie der Praxisteil in die wichtigsten Basisübungen, mit denen Sie Ihr Pferd artgerecht trainieren und lösen können. Jede Übung wird Schritt für Schritt angeleitet und etwaige Fehler genauestens erklärt und behoben. Zusätzlich bietet dieses Buch einen kleinen Exkurs in die Welt der Zirkuslektionen, Stangenarbeit sowie der Bodenarbeit im Gelände. Somit haben Sie mit diesem Buch ein tolles Werkzeug, um bedenkenlos und pferdegerecht in die Bodenarbeit einzutauchen. Sie werden kinderleicht in die Basis eingeführt und auf höheres Niveau vorbereitet. Das Ziel dieses Buches ist, Ihr Interesse zu wecken, Ihnen fundiertes Basiswissen zu schenken und unbändige Freude und Motivation für die

Bodenarbeit zu entwickeln. Und nun wünsche Ihnen viel Spaß mit dem Buch und vor allem viel Erfolg und Freude mit den praktischen Übungen.

WAS IST BODENARBEIT?

Definition der Bodenarbeit

Bodenarbeit ist - wie der Name schon sagt - Arbeit mit dem Pferd vom Boden aus. Prinzipiell gibt es nicht DIE Bodenarbeit für sich, sondern es ist ein Überbegriff für viele verschiedene Arbeitsweisen mit dem Pferd. Grob gesagt kann man also jegliches Arbeiten, das nicht vom Pferderücken aus ausgeführt wird, als Bodenarbeit bezeichnen. Dazu zählen beispielsweise klassische Dressurarbeit, wie man sie auch aus dem Sattel kennt, Longierarbeit, Stangengymnastik, Gelassenheitstraining, Abschrecktraining, Zirkuslektionen, Horse Agility, Spaziergänge, Freiarbeit, Equikinetic und vieles mehr. Auch einfaches Dehnen des Pferdes zählt zur Bodenarbeit. Warum die Bodenarbeit so wichtig ist und welche Effekte diese auf Pferd und Reiter hat, erfahren Sie im folgenden Kapitel.

Nutzen der Bodenarbeit

• <u>Vertrauensaufbau</u>

Bei der Arbeit vom Boden aus ist man dem Pferd viel näher und arbeitet in Augenhöhe mit dem Vierbeiner. Dies ist schon der erste Schritt in eine bessere Beziehung mit dem Pferd. Durch das intensive Zusammenarbeiten am Pferd lässt sich die Kommunikation zwischen Pferd und Reiter um ein Vielfaches verbessern. Dies führt in weiterer Folge zu einem erhöhten Vertrauen zwischen Vier- und Zweibeiner, besonders dann, wenn man gemeinsam knifflige Situationen und Aufgaben löst.

Zusätzlich lernt man vom Boden aus die jeweiligen Stärken und Schwächen des Gegenübers deutlich besser kennen. Gerade auch für Pferde, die erst angeritten werden, ist die Bodenarbeit eine perfekte Vorbereitung. Jemanden auf seinen Rücken zu tragen, erfordert viel Mut und Vertrauen des Pferdes. Mithilfe der Bodenarbeit kann man dies schon im Voraus erarbeiten, sodass das Anreiten leichter gelingt. Aber auch jedes andere Pferd profitiert von dieser besonderen Beziehungsarbeit am Boden.

• <u>Grundlagen festigen</u>

In der Bodenarbeit kann man schwierige Dressurlektionen erstmal vom Boden aus neu lernen oder bereits Gelerntes festigen. Hierbei kann sich das Pferd auf sich und seinen Körper konzentrieren, ohne dass ein Reitergewicht auf ihm lastet. Ohne die oftmals missverständlichen Reiterhilfen kann man dem Pferd mithilfe der Bodenarbeit die richtigen Hilfen für eine Lektion beibringen. Da man viel näher am Pferd ist, lassen sich Fehler viel schneller und gezielter korrigieren oder Feinheiten ausarbeiten. Klappt eine Übung vom Boden aus, ist es oft ein leichtes, diese dem Pferd in weiterer Folge auch vom Rücken aus zu lehren.

• <u>Pferdekörper kräftigen und lockern</u>

Je nach Übung kann die Bodenarbeit die Muskulatur des Pferdes lockern, dehnen oder auch kräftigen. Arbeitet man biomechanisch korrekt, ist Arbeit von Boden aus ein perfektes Mittel, um steife Pferde beweglicher zu machen oder mageren Pferden zu mehr Muskelmasse zu verhelfen. Vor allem die Rumpfmuskulatur ist für ein gerittenes Pferd wesentlich, damit es den Reiter tragen kann, ohne selbst Be–

schwerden davonzutragen. Ohne trainierte, aber auch elastischen Muskeln kann kein Pferd gesunderhaltend geritten werden. Aber auch für alte oder kranke Pferde, die nicht mehr geritten werden, ist die Bodenarbeit ein gutes Instrument, um sie lange fit zu halten. Mit dehnenden Übungen kann man der Steifigkeit im Alter vorbeugen, mit kräftigenden Übungen wirkt man dem Muskelabbau entgegen. Jegliche Arbeit am Pferd fördert die Durchblutung in der Muskulatur, sodass diese locker und elastisch bleibt. Aber auch die Gelenke werden ausreichend durchbewegt und die Gelenkschmiere produziert. Ohne Reitergewicht sind diese Effekte nochmals stärker gegeben, da keine zusätzliche Belastung auf den Pferdrücken einwirkt.

• <u>Natürliche Schiefe ausgleichen</u>
Jedes Pferd ist von Natur aus schief. So wie bei den Menschen gibt es - vereinfacht gesagt - also auch bei Pferden Rechts- und Linkshänder. Ihnen ist bestimmt schon einmal aufgefallen, dass sich Ihr Pferd auf einer Seite wesentlich leichter biegen und stellen lässt oder Übergänge auf einer Seite flüssiger zu reiten sind. Dies nennt man die hohle Seite. Die weniger

biegsame Seite nennt man die steife Seite. Unbe-
wusst trainiert man aber allzu oft die bessere Seite
immer mehr, weil es leichter fällt und mehr Spaß
macht. Dies ist aber genau der falsche Ansatz, da
man sein Pferd doch geraderichten will und die mus-
kulären Unterschiede beider Seiten ausgleichen will.
Zusätzlich laufen viele Pferde auch vermehrt auf der
Vor- als der Hinterhand. Mithilfe der Bodenarbeit
können Sie nun effektiv daran arbeiten, die Defizite
des Pferdes auszugleichen, seine steife Seite zu mobilisieren und die hohle Seite zu kräftigen.

• Trittsicherheit fördern
Arbeitet man viel mit Stangen oder auf unebenem
Gelände - beispielsweise auf einem Waldweg - fördert die Bodenarbeit zusätzlich die Trittsicherheit
und Stabilität des Pferdes. Somit ist nicht nur die Sicherheit des Pferdes, sondern auch des Reiters gewährleistet. Denn nur ein stabiles Pferd kann Sie als
Reiter zuverlässig und ohne Schaden tragen. Auch
Bodenarbeit auf ebenem Gelände hat einen Einfluss
auf die Stabilität und Trittsicherheit des Pferdes. Je
mehr Muskulatur das Pferd aufbaut, umso sicherer
ist auch sein Gangbild auf unwegsamen Pfaden.

• <u>Selbstbewusstsein des Pferdes fördern</u>

Sie kennen sicher das tolle und stolze Gefühl, wenn Sie eine neue oder schwierige Aufgabe erfüllt haben. Genauso fühlt sich das Pferd, wenn es beispielsweise zum ersten Mal Seitwärtsgänge macht und dafür belohnt wird. Je öfter das Pferd erkennt, was es alles kann, umso selbstbewusster wird es. Je mehr Muskeln das Pferd über die Bodenarbeit aufbaut, umso besser wird seine Tragkraft und seine Haltung. Und eine gute Haltung spiegelt automatisch das Selbstbewusstsein wider. Und wer von uns hätte nicht gerne ein Pferd, das voller Stolz seine gelernten Lektionen vollführt und Freude an der Arbeit hat?

• <u>Gesunderhaltung Pferd</u>

Die oberste Prämisse des Pferdetrainings ist und bleibt unangefochten die Gesunderhaltung des Pferdes. Wir können noch so viel trainieren - wenn wir es falsch machen, leidet das Pferd und seine Gesundheit darunter. All die genannten Vorteile und Effekte zusammen ergeben somit diesen letzten Punkt. Sie können beispielsweise die Muskulatur des Pferdes kräftigen, vergessen aber völlig, auf die Freude beim Pferd zu achten. Somit ist der gesamte Effekt des

Trainings schon wieder verloren, denn Sie arbeiten nicht mehr gesunderhaltend. Die Psyche des Pferdes wird krank und in weiterer Folge auch der Körper. Dies ist nur ein Beispiel, das verdeutlichen soll, wie wichtig ALLE eben erwähnten Komponenten im Pferdetraining sind. Bevor Sie also nun voller Tatendrang mit der Pferdearbeit beginnen, ganz egal ob vom Boden oder Pferderücken aus, rufen Sie sich alle Teilaspekte nochmals in Erinnerung. So theoretisch dieses Kapitel auch ist - es ist der Grundstein des richtigen Trainings und darf gerne öfter gelesen werden.

• <u>Gehirnjogging für Pferd und Reiter</u>
Schnuppern Sie und Ihr Pferd das erste Mal in die Bodenarbeit, kann diese Form des Arbeitens anfangs ganz schön verwirrend sein. Wie bei allem, das man neu lernt, haben Sie und Ihr Pferd bestimmt das ein oder andere Mal den berühmten Knoten im Kopf. Die Hilfen vom Boden aus sind etwas anders einzusetzen als vom Pferderücken aus und Sie werden vor Hürden und Aufgaben gestellt, die Sie gemeinsam mit Ihrem Pferd meistern müssen. Demnach ist gerade am Anfang die Bodenarbeit auch ein wahres

Gehirntraining für beide Seiten. Somit eignet sich die Bodenarbeit beispielsweise aber auch für kranke oder alte Pferde. Passt man die Übungen so an, dass sie körperlich leicht zu bewältigen sind, und fördert mehr das Köpfchen, kann man somit auch gebrechliche Tiere noch optimal unterstützen und ihrem Allgemeinzustand entsprechend fordern.

GESCHICHTE DER BODENARBEIT

Eine konkrete Geschichte der Bodenarbeit gibt es nicht, da dies nur der Oberbegriff vieler Methoden und Arbeitsweisen ist. Wir wissen, dass Pferde bereits 3000 v. Christus domestiziert wurden und danach lange Zeit als Nutztiere gehalten wurden. Demnach liegt es nahe, dass damals schon Bodenarbeit, in welcher Form auch immer, zum Tragen gekommen ist. Zusätzlich wurden die Pferde aber vor allem im Krieg verwendet, wo sie zuerst Streitwagen zogen. Bedeutsam als Reitpferde wurden sie um 800 vor Christus, da die reitenden Krieger klarerweise den Streitwagen-Kriegern überlegen waren. In der griechischen Antike kam die Idee auf, das Pferd gezielt zum Reiten auszubilden. Somit schrieb der Reiterführer Xenophon bereits 370 v. Christus die erste

Reitvorschrift. Der Weg zur heutigen Reiterei fand also hier seinen Anfang. Wann, wo und in welcher Form Bodenarbeit das erste Mal auftauchte, weiß man leider nicht. Dennoch gibt es einige wenige Anhaltspunkte der verschiedenen Bodenarbeitsweisen: Genaueres über die Geschichte der Bodenarbeit sucht man vergeblich, jedoch gibt beispielsweise die Geschichte des Kappzaums Hinweise darauf, dass Bodenarbeit stets Teil der Pferdeausbildung war. So hat es offenbar bereits in der Bronzezeit und nachfolgend bei den Kelten Kappzäume gegeben, die vermutlich aus den gebisslosen Zäumungen für Kamel und Esel hervortraten. In der Renaissance und der Barockzeit wurde der Kappzaum gerne als maulschonendes Hilfsmittel verwendet. Dieser Zaum kam unter anderem bei Antoine Pluvinel, dem Reitlehrer Ludwigs XIII, zum Einsatz, aber auch bereits 1570 bei Frederigo Griso, der eine Reitakademie in Neapel gründete.

Die klassische Dressurarbeit an der Hand geht zurück aufs 16. Jahrhundert. Diese wurde dort erstmals von bereits erwähntem Antoine de la Baume Pluvinel praktiziert und findet heute noch Bedeutung in der Wiener Hofreitschule oder im Cadre Noir in Frankreich. Antoine gründete damals 1594 seine Reitschule Academia l'Equitation, in der man neben der hohen Kunst des Reitens auch Tanzen, Benehmen und edle Kleidungsordnung lehrte. Es ist naheliegend, dass ausgehend von seinen Lehren die barocke und klassische Arbeit mit dem Pferd entsprang.

Danach findet sich kaum Literatur zur weiteren Geschichte der Bodenarbeit. Erst ab den 1960-er Jahren treten bewusst verschiedene Weisen der Bodenarbeit auf: Das Natural Horsemanship ist geprägt von Monty Roberts und Pat Parelli. Ersterer wurde 1968 durch seine Join-up-Methode bekannt, in der er über Druck und Nachgeben arbeitet.

Durch das System der negativen Verstärkung ist es sehr umstritten. Dennoch hat Monty Roberts einige Bücher geschrieben und wird vielerorts als wahrer Pferdeflüsterer gesehen. Pat Parelli gründete in den 1980-er Jahren sein System des Parelli Natural Horsemanships, einer Grundausbildung für Mensch und Pferd, bei der es vor allem um die gegenseitige Kommunikation geht. 1983 stellte Linda Tellington ihre Mischung aus Bodenarbeit und manuellen Techniken, die Tellington Ttouch-Methode, vor. Michael Geitner konzipierte 2003 sein Trai–

ningsprogramm der Dualaktivierung und in weiterer Folge das System der Equikinetic. Vanessa Bee aus England erfand 2009 die neue Disziplin Horse Agility. Dies scheint nur der Anfang einer Reihe von verschiedenen Systemen zu sein. Betrachtet man die Unmengen an Büchern und Lehrvideos in der Pferdearbeit, wird einem erst das Ausmaß der unterschiedlichen Arbeitsweisen bewusst.

AUSGEWÄHLTE METHODEN DER BODENARBEIT

Im Laufe der Zeit haben sich viele verschiedene Methoden und Systeme in der Bodenarbeit entwickelt. Hier wird es immer schwieriger, den Überblick zu bewahren. Prinzipiell gilt aber, dass jedes System - sofern es pferdegerecht ausgeführt wird - seine Berechtigung hat. Abwechslung ist in jedem Training das Um und Auf, weshalb es durchaus sinnvoll ist, mehrere Arten zu kombinieren. Je nach Vorlieben von Pferd und Reiter oder auch abgestimmt auf das Trainingsziel muss jeder individuell entscheiden, welche Richtung er einschlagen will. Dieses Buch behandelt hauptsächlich die Basisarbeit an der Hand, da sich diese als Einstieg erfahrungsgemäß gut bewährt hat. Trotzdem möchte ich hier noch einige der bekannteren Sparten extra erwähnen, um Ihnen einen kleinen Überblick zu verschaffen und eventuell neue Anreize zu bieten.

Klassische Handarbeit

Die klassische Handarbeit ist, grob gesagt, Dressur an der Hand. Hierbei kann der Mensch all die Lektionen mit dem Pferd trainieren, die auch unter dem Sattel möglich sind. Das Pferd lernt oder festigt die Lektionen ohne Reitergewicht und kann diese später auch unter dem Reiter leichter vollführen. Zusätzlich kräftigt Handarbeit die Muskulatur des Pferdes. Für Handarbeit braucht man nicht viel Platz und sie kann ideal auch beim Spaziergang eingebaut werden. Weiters ist es eine sinnvolle Möglichkeit zum Warmarbeiten vor dem Reiten.

Arbeitet man mit Trense, ist man sehr nahe am Pferdemaul und kann so seine Handarbeit verfeinern und die Kommunikation zwischen Pferdemaul und Zügelhände überprüfen und verbessern. Zusätzlich lassen sich Schwächen und Stärken des Pferdes meist an der Hand besser erkennen und mit sich arbeiten. Zuletzt bleibt noch gesagt, dass Handarbeit nicht nur vom Pferd, sondern auch vom Reiter große

Konzentration erfordert und somit definitiv auch Gehirnjogging für beide Partner darstellt.

Longierarbeit

Das Longieren ist in der Reiterszene weit verbreitet und allseits bekannt. Dabei handelt es sich jedoch nicht um stumpfsinniges Kreiseln des Pferdes. Ganz im Gegenteil: durch richtiges Longieren kann man das Pferd sowohl lösen als auch kräftigen. Wird biomechanisch korrekt longiert, hilft es dem Pferd, seine natürliche Schiefe auszugleichen und zusätzlich mehr Last auf die Hinterhand zu nehmen.

Das Longieren wird oftmals immer nach dem gleichen Schema abgerufen, dabei steckt hierbei viel Potential zur Kreativität: Mit Stangen verstärkt man den kräftigenden Effekt, lange Trabphasen trainieren vor allem die diagonale Rumpfspannung, viele Übergänge fördern die Tragkraft und mit etwas Übung kann man auch an der Longe Figuren anleiten, Zirkel vergrößern/verkleinern oder auch mal längere gerade Linien zum Lösen einbauen. Wichtig zu wissen ist jedoch, dass Longieren gerade für junge Pferde sehr kräfteraubend ist. Lange Zeit im Kreis zu laufen, bringt viele Pferde aus dem Gleichgewicht, sodass sie gerne über die Schulter weg–

brechen oder versuchen, durch Tempo die Schieflage auszugleichen. Demnach ist es besonders wichtig, dass der Pferdemensch lernt, korrekt zu longieren.

Zirkuslektionen

Zirkuslektionen nennt man allgemein alle Tricks, die man dem Pferd beibringen kann. Oftmals werden diese kleinen Kommandos nur belächelt und als Gag abgetan. Doch das sind sie keinesfalls und sollten daher nicht unterschätzt werden. Übungen wie das Kompliment, die Bergziege oder die Verbeugung sind wahre Gymnastikwunder. Vor allem der Rumpf wird dabei wunderbar gedehnt, das Pferd wird gelockert und wird auf Dauer gesehen viel elastischer und beweglicher.

Dies kommt uns in der Pferdearbeit und beim Reiten zugute. Zirkuslektionen sind also ein wesentlicher Teil, das Pferd lange fit und beweglich zu halten. Kleinere, lustige Tricks wie Küsschen geben oder Schnute ziehen haben natürlich gymnastisch gesehen nicht den größten Wert. Dennoch ist das Erlernen davon für die Bindung zwischen Mensch und Pferd von Vorteil. Bringt man einem Pferd diese Tricks bei, bedeutet dies Freude und Stolz auf beiden

Seiten. Sie werden merken, wie die Freundschaft zwischen Ihnen und dem Pferd von Trick zu Trick wächst.

Gelassenheitstraining

Gelassenheitstraining ist - wie der Name schon vermuten lässt - Pferdearbeit mit dem Ziel, das Pferd gelassener, entspannter und ruhiger werden zu lassen. Dies wird oft auch als Antischrecktraining bezeichnet. Man kann dabei seiner Kreativität freien Lauf lassen und beispielsweise mit Planen, Flatterbändern, Regenschirmen und dergleichen arbeiten. Alles, was für das Pferd ungewohnt ist und wovor es sich ängstigen könnte, wird ihm in Ruhe nähergebracht. Wichtig dabei sind allerdings Geduld und eine innere Gelassenheit des Menschen.

Nur so kann man dem Pferd die Scheu vor genannten Dingen nehmen und ein richtiges Verlasspferd formen. Das Pferd lernt somit, neue und unbekannte Dinge neugierig zu erkunden, anstatt ängstlich zu scheuen und Neues zu meiden. Außerdem stärkt es enorm das Vertrauen zu dem Menschen, da das Pferd lernt, sich auf den Menschen zu verlassen. Hat das Pferd erst einmal begriffen, dass alles okay ist, solange der Mensch ruhig bei einem ist, wird es auch in der alltäglichen Arbeit deutlich ruhiger werden. Mit Gelassenheitstraining kann man vielen vermeintlichen Gefahren entgegenwirken. Besonders beim Spazieren oder Reiten im Gelände treten oft unerwartete Dinge oder Begegnungen auf. Ist das Pferd durch das Gelassenheitstraining in sich gefestigt, werden diese Dinge immer weniger problematisch und einem sicheren Ausritt ohne Schreckmomenten steht nichts mehr im Wege. Gelassenheitstraining ist demnach nicht nur eine nette Spielerei für zwischendurch, sondern trägt wesentlich zur Sicherheit im Pferdeumgang bei.

Horse Agility

Horse Agility oder zu Deutsch Pferdegeschicklichkeit vereint Spaß, Kräftigung, Gehirnjogging und Ausdauer in einer Disziplin. Es ist eine gelungene Mischung aus klassischer Bodenarbeit, Freiheitsdressur, Sprunggymnastik und Zirzensik. Kurzum geht es darum, mit dem Pferd verschiedene Hindernisse in einem Parcours zu meistern. Dies können Stangen zum Übersteigen sein, Slalom aus Hütchen, Wippen, Planen und vieles mehr. Dem Einfallsreichtum des Menschen ist keine Grenze gesetzt. Klarerweise werden die Übungen vorerst in Ruhe einzeln erarbeitet, bevor man sich an einen ganzen Parcours heran-traut. Durch die vielen verschiedenen Aufgaben wird der Körper des Pferdes vielfältig trainiert, aber auch das Köpfchen kommt nicht zu kurz.

Alles in allem bietet Horse Agility auch ein per-fektes Gelassenheitstraining sowie Vertrauensauf-bau zu dem Menschen. Anfangs werden die Hinder-nisse am Strick durchlaufen, sollen aber in weiterer Folge frei bewältigt werden. Hier ist ein hohes Maß an feiner und genauer Kommunikation gefragt. Ganz nebenbei trainiert auch der Reiter seine eigene Fit-ness.

Freiarbeit

Freiarbeit ist die Crème de la Crème in der Bodenar-beit. Das Pferd wird lediglich mithilfe der Körper-sprache angeleitet und bewegt. Hierbei wird höchs-tens eine Gerte oder Stick als Handverlängerung be-nutzt. In der Freiarbeit können Sie alle Dinge von klassischer Dressurarbeit, Stangenarbeit, Parcours und dergleichen meistern - nur eben ohne Strick, Halfter oder Trense.

Freiarbeit kann spielerisch erarbeitet werden und sollte immer ohne Druck geschehen. Ist man schon versiert in der Bodenarbeit und hat eine feine

Körperkommunikation mit dem Pferd erarbeitet, ist der Schritt zur Freiarbeit oft gar nicht so schwer. Ganz ohne Ausrüstung zeigt sich hier, wie aufmerksam das Pferd bei Ihnen bleibt und wie qualitativ Ihre Hilfestellungen und Ihre Körpersprache sind.

Richtige Ausrüstung

Eine passende Ausrüstung ist genauso wie beim Reiten auch in der Bodenarbeit wichtig. Sie soll feine, aber genaue Kommunikation ermöglichen. Ein unpassender Zaum beispielsweise kann einerseits Schmerzen verursachen und andererseits die Hilfen des Menschen nicht punktgenau weiterleiten. Rutscht ein Zaum, kommen die Hilfen nicht am Pferdekörper an und die Bodenarbeit ist bereits von Anfang an zum Scheitern verurteilt. Mit der richtigen Ausrüstung versteht das Pferd Ihre

Hilfen und hat Freude an der Arbeit. Ob Sie lieber mit Knotenhalfter, Kappzaum oder Trense arbeiten, liegt ganz an Ihren Vorlieben und vor allem den Vorlieben des Pferdes. Hier bietet sich an, alle Varianten zu probieren, um die bestmögliche Lösung zu finden. Als Überblick der möglichen Ausrüstungen und deren Vor- und Nachteile werde ich dazu noch etwas ins Detail gehen:

KNOTENHALFTER

Das Knotenhalfter ist ein Halfter aus dünnen Seilen, die an mehreren Stellen Knoten bilden. Hierbei arbeitet man zusätzlich mit einem langen Bodenarbeitsseil. Hilfen des Menschen werden über das Seil direkt und impulsartig an den Pferdekopf geleitet. Die Knoten liegen dabei an sensiblen Stellen des Pferdekopfes. Knotenhalfter werden vor allem im Bereich des Natural Horsemanships verwendet.

Der Hauptgedanke der Erfindung des Kontenhalfters war, positives Verhalten des Pferdes angenehm und negatives Verhalten unangenehm zu machen. Die dünnen Seile sowie die Knoten werden bei Druck unangenehm. Macht das Pferd etwas richtig, gibt der Mensch nach. Der Druck wird weniger und das Pferd versteht, dass es etwas gut gemacht hat. Dies nennt man das Prinzip der positiven und negativen Verstärkung. Somit ist das Knotenhalfter ein Hilfsmittel, das nur über impulsartige Hilfen gearbeitet werden darf. Für Dauerdruck ist es NICHT geeignet, da es dem Pferd ansonsten ständig auf sensible Stellen drückt und Schmerzen verursacht. Demnach erfordert das Knotenhalfter etwas Übung, um das richtige Nachgeben und Vermeiden von Dauerspannung zu üben. Außerdem muss besonders auf den richtigen Sitz des Halfters geachtet werden, damit die Knoten nicht auf Nervenpunkte drücken.

Ein häufiger Fehler ist hierbei, dass es zu tief sitzt oder das Kinnstück falsch sitzt. Der Nasenriemen sollte nur zwei Finger unter dem Jochbein sitzen, sodass es nicht aufs Nasenbein drückt. Der Kinnriemen sollte hinter der Ganasche und nicht auf ihr verlaufen, um präzisere Hilfen geben zu können, ohne dass das Halfter verrutscht. Prinzipiell eignet sich das Knotenhalfter vor allem für die Anfänge der Bodenarbeit, zum Beispiel dem Führtraining. Zusätzlich wirkt es sehr gut bei eher rüpelhaften Pferden, die den Menschen gerne umrennen, ignorieren oder ihn wegdrängen wollen. Hierbei kann ein schneller Impuls über die Knoten wahre Wunder bewirken. Für fortgeschrittene Bodenarbeit ist es eher weniger geeignet, da es für die richtige Stellung und Biegung zu unpräzise ist. Auch für Pferde, die sich eher hinterherziehen lassen oder sich in das Halfter hineinhängen, ist es wenig geeignet, da es somit unangenehmen Dauerdruck verursacht. Außerdem bewirkt die Einwirkung des Seiles von unten eher eine Anspannung der unteren Muskulatur und weniger der Oberlinie. Sprich - die wichtigen Muskel oberhalb des Halses sowie der gesamte Rücken und die Kruppe werden teilweise zu wenig aktiviert.

Knotenhalfter – Kurz und knapp:

+ Schonung des Pferdemauls

+ Präzise Hilfen, wenn es richtig sitzt

+ Pferd versteht Hilfen schnell

+ Besonders für Führtraining und rüpelhafte Pferde geeignet

- Erfordert Übung, um Dauerdruck zu vermeiden

- Arbeitet zusätzlich mit negativer Verstärkung

- Sitzt oft falsch und verursacht somit Druckstellen oder Schmerzen

- Wenig sinnvolle Stellung/Biegung möglich

- Wirkt wenig auf die Oberlinie des Pferdes

KAPPZAUM

Der Kappzaum erlebt zurzeit eine Wiederbelebung, da er doch einige Zeit eher in den Hintergrund gerückt war. Dabei darf man dieses Hilfsmittel keinesfalls unterschätzen. Ebenso wie das Knotenhalfter wirkt er nicht auf das Maul, sondern auf das Nasenbein und zusätzlich auf den Oberkiefer. Genau hier liegt der Unterschied zum Knotenhalfter: Die Longe oder der Strick wird OBEN fixiert, sodass vor allem der Oberhals und die gesamte Oberlinie des Pferdes aktiviert werden. Alle Muskeln für die Aufrichtung und Tragkraft sind im Einsatz.

Der Unterhals sowie der Unterkiefer sind jedoch locker, das Genick ist geöffnet. Somit können Sie das Pferd deutlich leichter biegen, stellen und dehnen. Der Kappzaum kann mit oder ohne Trense und Zügel gearbeitet werden. Auch hier sollte man keine zu starken Hilfen geben, da es das Pferd sonst aus der Balance wirft oder Schmerzen verursacht. Das wichtigste ist - wie immer - der richtige Sitz. Der Nasenriemen sollte zwei Fingerbreit unter dem Jochbein verlaufen und der Ganaschenriemen vom Pferdeauge schräg abwärtsführen. Der Nasenriemen sollte relativ fest zugezogen werden, damit das Kappzaum nicht ins Auge rutscht. Es gibt viele verschiedene Arten des Kappzaums. Einige haben einen Metallbügel im Nasenriemen, der bestenfalls an die Nase angepasst wird. Ansonsten können sich unangenehme Druckstellen bilden.

Auch hier gilt: Übung macht den Meister. Leichter Zug bedeutet für das Pferd, sich nach vorne zu dehnen und die Unterlinie zu entspannen. Dies sollte vorerst in Ruhe erarbeitet werden, bevor man an die richtige Handarbeit geht.

Kappzaum – Kurz und knapp:

+ Schonung des Pferdemauls und der Unterlinie

+ Kräftigung der wichtigen Oberlinie

+ Genaue Hilfen, wenn es richtig sitzt

+ Korrektes Stellen und Biegen möglich

+ Viele Anwendungsmöglichkeiten (Gebiss, Zügel variabel)

- Erfordert Übung

- Standardkappzäume passen oft nicht zu 100 %

TRENSE

Natürlich können Sie die Bodenarbeit auch mit Ihrem gewöhnlichen Zaum durchführen, den Sie auch zum Reiten nehmen. Hierbei hat man den Vorteil, viele verschiedene Arbeitsmöglichkeiten ausprobieren zu können. Somit können Sie Dressurlektionen ähnlich wie beim Reiten bestreiten oder beispielsweise Langzügel oder Doppellonge verwenden.

Bei der Arbeit mit der Trense greifen Sie entweder nah an der Trense in den Zügel oder direkt in den Trensenring. Somit können Sie dieselben Zügelhilfen geben, wie Sie es auch vom Pferderücken aus tun würden. Beim Erarbeiten von Lektionen, die unter dem Sattel noch nicht einwandfrei klappen, ist dies somit eine gute Möglichkeit, dem Pferd die Hilfen deutlicher zu machen und auch die eigenen Hilfen zu überdenken oder zu verfeinern. Klarerweise verfallen hier die Schenkel- und Gewichtshilfen.

Diese können Sie durch Ihre Körpersprache, Stimme und eventuell durch eine Gerte ersetzen. Erforderlich hierbei ist volle Konzentration des Menschen, da man schnell missverständliche Hilfen gibt. Möchten Sie eine Halteparade vom Pferd, geben aber völlig andere Hilfen als vom Sattel aus, wird das Ihr

Pferd nicht verstehen. Wichtig ist also, so zu arbeiten, wie Sie es auch im Sattel tun würden. Prinzipiell wirkt der Zügel vom Sattel aus von oben/hinten auf die Trense. Vom Boden aus wirkt man unbedachterweise schnell nach hinten/unten.

Dies möchte man jedoch keinesfalls, da Sie hier wieder die Unterhalspartie aktivieren und in Richtung Hyperflexion arbeiten. Wollen Sie das Pferd entspannen und dehnen, können Sie natürlich nach VORNE/unten arbeiten. Zur Aufrichtung und Aktivierung der Oberlinie arbeiten Sie an der Trense eher leicht nach OBEN/hinten. Dies soll aber nur einen kleinen Exkurs darstellen. Ein weiterer Vorteil der Trensenarbeit ist, dass auch hier das richtige Stellen und Biegen möglich ist und man bis in hohe Lektionen gut arbeiten kann. Nichtsdestotrotz ist richtige Handarbeit an der Trense wohl am schwierigsten und erfordert viel Konzentration, Reflektion und gerade am Anfang oft auch Hilfestellung von außen.

Trense - Kurz und knapp:

+ Kräftigung der Oberlinie, wenn korrekt angewandt

+ Schonung bzw. aktives Dehnen der Unterlinie

+ Korrektes Stellen und Biegen möglich

+ Vorbereitung schwieriger Lektionen unter dem Sattel

+ Viele Anwendungsmöglichkeiten

+ Sehr pferdenahes, präzises Arbeiten möglich

- Erfordert Übung, Konzentration und Reflektion

- Viele Fehlerquellen, gerade anfangs

GERTE/ARMVERLÄNGERUNG

Die Gerte als Hilfsmittel hat oft einen schlechten Ruf, ist aber bei der Bodenarbeit von großem Nutzen. Arbeiten Sie eng am Pferdemaul, reicht Ihr Arm vermutlich nicht aus, um aktiv die Hinterhand bewegen zu können. Hierbei kommt die Gerte, der Stick oder sonstiges zum Einsatz. Diese Hilfsmittel wirken als Handverlängerung, sodass Sie die Hinterhand bewegen können, während Sie beispielsweise am Pferdemaul die korrekte Stellung beibehalten. Arbeiten Sie mit Knotenhalfter und Bodenarbeitsstrick, können Sie mit etwas Übung auch das lose Ende des Stricks verwenden. Hierbei liegt jedoch die Gefahr, weniger fein zu sein und zu starke Impulse zu geben. Feine, gezielte Hilfen sind demnach mit der Gerte deutlich besser zu bewerkstelligen.

Armverlängerung - Kurz und knapp:

+ Armverlängerung erleichtert Arbeit

+ Feine, präzise Hilfen durch Gerte

- Eher impulsartige, gröbere Hilfen durch Strick

Pferdegerechtes Kommunizieren und Belohnen

KOMMUNIKATION IST ALLES

Um Ihrem Pferd neue Übungen zu lehren, müssen Sie richtig kommunizieren. Sie müssen also mehr oder weniger die gleiche Sprache wie Ihr Pferd sprechen. Das Pferd soll wissen, was Sie von ihm möchten, und dazu gehört eine feine, aber klare Kommunikation. Oft sind wir in unseren Hilfestellungen ungenau, schwammig oder auch ungestüm. Stellen Sie sich vor, ein Freund redet völlig verwaschen und murmelnd zu Ihnen. Sie werden nicht wissen, was er von Ihnen möchte. Oder jemand schreit Sie an, Sie sollen ihm den Becher reichen, obwohl Sie ganz in der Nähe stehen und er flüstern hätte können. Oder jemand bittet Sie um etwas und bevor Sie der Bitte nachkommen können, erledigt er es selbst wutentbrannt oder knallt Ihnen noch drei Bitten vor die Nase.

Diese Szenarien finden Sie unangenehm? Gut so, denn genau so geht es vielen Pferden tagtäglich. Haben Sie Tage, an denen Sie eine schwammige Schenkelhilfe geben und sich wundern, dass das Pferd weiter stur geradeaus läuft? Gibt es Tage, an denen Sie ungestüm am Zügel ziehen, obwohl Sie nur eine einfache Wendung wollen? Gibt es Tage, wo sie ungeduldig sind und dem Pferd gefühlt 100 Hilfen nacheinander geben? Ja? Somit ist bereits der erste Schritt geschafft, um dieses Verhalten zu ändern.

Denn nur auf eine genaue, klare, präzise und feine Hilfe kann das Pferd ebenso reagieren. Doch trotzdem macht es dann teilweise immer noch etwas ganz anderes. Hier ist Reflektion gefragt, denn das, was wir wollen, und unsere Hilfen stimmen oft nicht überein. Somit sind die ersten beiden Übungen keine Übungen für das Pferd, sondern für SIE.

VISUALISIERUNG UND REFLEKTION

Diese Kommunikationsübung ist etwas, das Sie dauerhaft üben können. Hier spielt es keine Rolle, ob sie reiten, das Pferd führen oder nur die Hufe auskratzen wollen. Die Devise lautet Visualisierung und Reflektion. Machen Sie sich bei jeder Aufgabe, die Sie von Ihrem Pferd möchten, eine Vorstellung davon, WIE diese aussehen soll und WELCHE HILFE sie dafür setzen müssen. Dies können Sie bereits im alltäglichen Umgang üben, am besten bei Aufgaben, die Ihr Pferd schon kann. Stellen Sie sich zum Beispiel vor, wie das Pferd das Bein zum Hufe auskratzen hebt und welche Hilfe sie dafür geben müssen. Sie visualisieren also die Aufgabe HUFE HEBEN. Erst danach setzen Sie sie um. Hat alles so geklappt, wie vorgestellt? TOLL! Wenn nicht, ist es Zeit für Reflektion.

Was haben Sie falsch gemacht? Welche Hilfe haben Sie vergessen oder zu früh/spät eingesetzt? Haben Sie eine Hilfe zu sanft oder stark eingesetzt? Gehen Sie jedes Detail durch, bis Sie den Fehler gefunden haben, und probieren Sie es erneut. Dies mag Ihnen auf den ersten Blick etwas seltsam vorkommen, aber so läuft Pferdetraining ab. Man versucht etwas nach bestem Wissen und Gewissen, man irrt sich, überdenkt etwas und probiert es erneut. Je öfter sie Visualisierung und Reflektion im Alltag üben, umso leichter und automatischer gelingt es Ihnen dann im Pferdetraining. Vor JEDER Übung, JEDER Aufgabe und JEDER Lektion müssen Sie sich als Mensch bewusst werden, was sie wollen und wie sie dies erreichen. Sie können keine Halteparade reiten, wenn Sie die Hilfen dazu nicht kennen.

Gerade am Boden fällt jeder Fehler in der Kommunikation sofort auf. Das kann sehr frustrierend sein und man verstrickt sich in den immer falschen Hilfen. Das Pferd versteht nicht, was Sie möchten, und beide werden zornig. Würden Sie hier Ihre Hilfen überdenken, würden Sie vermutlich schnell aus dem Teufelskreis ausbrechen können.

FLÜSTERNDE HILFEN

Vielleicht haben Sie diesen Slogan schon einmal gehört. Er bedeutet, dass Sie so wenig Hilfen wie möglich, aber so viel wie nötig anbieten sollen. Dieses Prinzip ist theoretisch ganz einfach: Sie fangen mit einer ganz kleinen, kaum spürbaren Hilfe an. Ihr Pferd reagiert nicht. Sie geben erneut die Hilfe, diesmal etwas stärker. Das Pferd reagiert noch immer nicht. Sie werden also mit Ihrer Hilfe immer deutlicher, bis das Pferd reagiert. Voraussetzung dafür ist natürlich, dass Ihre Hilfen auch korrekt sind. Wenn Sie falsche Hilfen geben und immer stärker werden, wird Ihr Pferd trotzdem nicht das gewünschte Verhalten zeigen.

Stellen Sie es sich so vor: Sie flüstern jemandem etwas zu, aber er versteht Sie nicht. Sie sprechen lauter, aber er versteht Sie immer noch nicht. Erst als sie noch etwas lauter reden, hört und versteht er sie. Es kann aber auch sein, dass Sie bereits schreien und Ihr Gegenüber versteht Sie immer noch nicht, weil er eine andere Sprache spricht. Beispiel eins zeigt auf, wie Sie korrekte Hilfen steigern können.

Beispiel zwei zeigt, wohin Sie die Steigerung einer falschen Hilfe führen wird - zu nichts außer vielleicht Verzweiflung und Zorn. Demnach ist das System "Vorstellung und Reflektion" stark mit "Flüsternden Hilfen" verwoben.

BELOHNSYSTEME

Belohnen in der Pferdearbeit ist enorm wichtig, um die Motivation und Freude des Pferdes beizubehalten, und vor allem auch, um dem Pferd zu zeigen, dass es etwas richtig gemacht hat. Im besten Fall erfolgt die Belohnung sofort – so kann das Pferd die Belohnung mit seinem Verhalten verknüpfen.

Lernt das Pferd eine Übung neu, liegt es an Ihnen, jeden kleinsten Schritt zu belohnen. Es ist klar, dass ein Pferd beispielsweise nicht von Anfang an eine ganze Länge akkurat rückwärtsgehen kann. Am Anfang kann demnach schon eine Gewichtsverlagerung auf die Hinterhand ausreichen. Das Pferd geht ansatzweise in die gewünschte Richtung und Sie loben es dafür. In weiterer Folge bauen Sie die Übung aus. Aber wie lobt man eigentlich richtig?

Hierzu können Sie verschiedene Belohnsysteme kombinieren, je nachdem, was für Sie und Ihr Pferd am besten funktioniert:

• <u>Stimmlob</u>

Pferde haben ein feines Gehör und können sehr gut zwischen lobenden und tadelnden Worten unterscheiden. Ein ruhiges „Gut gemacht" oder „Fein" versteht das Pferd sehr schnell und kann prompt und unverzüglich erfolgen. Es bietet sich auch an, wenn das Pferd mitten in einer Übung ist, um es zwischendurch zu loben und anzuspornen.

• Das taktile Lob

Darunter versteht man Belohnung über Berührung. Dies kann ein sanftes Streicheln zwischendurch sein oder ein ausgiebiges Kraulen nach einer anstrengenden Lektion. Vielleicht kennen Sie schon die Lieblingsstellen Ihres Pferdes und können diese bewusst als Belohnung massieren.

• Entspannung und Pausen

Egal ob bei körperlicher oder geistiger Arbeit – eine Pause zwischendurch tut Pferd und Zweibeiner gut. Diese Entspannung kann zum Beispiel ein in Ruhe stehen und durchatmen sein. Einige Pferde senken dabei den Kopf als Zeichen der Entspannung oder lassen die Lippen hängen. Pferde, die nicht gerne ruhig stehen bleiben, können aber auch als Pause locker im Schritt geführt werden, ohne Druck Ihrerseits.

- <u>Leckerlies</u>

Leckerlies als Belohnung sind oftmals umstritten, da die Pferde hierbei teilweise rüpelhaft werden und ein konzentriertes Arbeiten nicht möglich ist. Haben Sie ein wahres Fressmonster als Pferd, das Sie auf der Suche nach Leckerlies immer wieder anrempelt und jeglichen Respekt verliert, verwenden Sie Leckerlies als Belohnung – wenn überhaupt – nur äußerst spärlich.

Diese Pferde blenden oft die gesamte Arbeitseinheit auf der Suche nach Leckereien aus und es ist mehr Ärgernis als Vergnügen. Alle anderen können natürlich Leckerlies als Lob heranziehen, sollten aber bedenken, trotzdem sparsam damit umzugehen. Leckerlies oder Obststücke können beispielsweise für besonders schwere Lektionen verwendet werden, um dem Pferd zu zeigen, dass es dies außerordentlich gut gemeistert hat.

- <u>Lieblingsübung als Belohnung</u>

Einige Pferde finden an einer bestimmten Übung besonderen Gefallen und wollen diese am liebsten ständig zeigen. Dürfen sie das nicht, werden Sie teilweise etwas ungestüm.

Sie können also zwischendurch nach einer gelungenen Übung auch gerne mal die Lieblingsübung einbauen. Super eignet sich dies zum Beispiel auch für den Abschluss: Das Pferd darf noch einmal sein volles Können in seiner Lieblingsaufgabe zeigen und geht mit positivem Abschluss aus der Einheit. Dieses Prinzip des positiven Abschlusses ist ohnehin wichtig, um die Freude für das nächste Mal groß zu halten.

TADEL, KORREKTUR ODER BESTRAFUNG?

Natürlich klappt nicht immer alles sofort, aber was soll man denn dann machen? Das Pferd tadeln, korrigieren oder gar bestrafen? Dies ist eigentlich ganz einfach – handeln Sie so, wie auch Sie behandelt werden wollen. Mit einem Pferd können wir nicht so reden, wie wir es unter Mitmenschen gewöhnt sind.

Es kann nur auf unsere Hilfestellungen reagieren und bestmöglich versuchen, unserer Aufforderung nachzukommen. Dennoch macht es oft etwas ganz anderes. Hierbei können Sie entweder Ihre eigenen Hilfen verfeinern bzw. ändern oder die gleichen Hilfen nochmals etwas stärker anwenden. Sind

Ihre Hilfen richtig, wird Sie das Pferd mit etwas Geduld sicher verstehen. Haben Sie das Gefühl, das Pferd ignoriert Sie und ist nicht bei der Sache, können Sie es durchaus leicht tadeln.

Ein „NEIN" oder leichtes Zupfen am Strick zeigt dem Pferd, dass es besser aufpassen soll und er gerade nicht das Gewünschte gezeigt hat. Bemerken Sie aber, dass das Pferd voll und ganz bei Ihnen ist und sich wirklich bemüht, üben Sie weiter und vor allem LOBEN Sie das Pferd, sobald es auch nur ansatzweise in die richtige Richtung denkt. Wie soll das Pferd wissen, dass es den richtigen Ansatz erwischt hat, wenn Sie es nicht loben? Schritt für Schritt kommen Sie so ans Ziel. Hier gilt also, die Fehlversuche des Pferdes hinzunehmen und jeden kleinsten Schritt zu loben.

Würden Sie das Pferd für seine Fehlversuche tadeln oder bestrafen, würde Ihr Pferd irgendwann gar nichts mehr probieren aus Angst, geschimpft zu werden. Nichtsdestotrotz gibt es Verhaltensweisen, die Sie keinesfalls akzeptieren sollten. Fängt das Pferd an, zu treten, beißen, Sie anzurempeln oder wegzudrängen, müssen Sie konsequent sein.

Das Pferd zeigt Ihnen keinerlei Respekt und bringt Sie beide in Gefahr. Hier dürfen Sie auch mal etwas lauter in der Stimme und bestimmter in Ihren Hilfen sein und das Pferd von Ihnen wegschicken. Natürlich ohne Wut und Gewalt, jedoch konsequent und bestimmt.

Praxisteil

Wir sind nun im Praxisteil des Buches angelangt. Mit dem theoretischen Hintergrundwissen wird es für Sie ein Leichtes sein, die Übungen pferdegerecht umzusetzen. Zuallererst werden Ihnen Basisübungen an der Hand vorgestellt, die die Grundlage jeglicher Bodenarbeit darstellen.

Bevor Sie in höhere Lektionen gehen, muss die Basis wie richtiges Führen, Halten, Antreten und dergleichen einwandfrei funktionieren. Dies ist die Grundkommunikation, die Sie und Ihr Pferd beherrschen sollen, damit auch schwierige Aufgaben gelingen können. Nach den Grundlagen finden Sie hier einen kleinen Exkurs zu Zirkuslektionen, Stangenarbeit, Dehnen des Pferdes und der Arbeit in freier Natur.

DIE ACHT BASISÜBUNGEN

Die richtige Führposition

Die richtige Führposition ist wichtig, damit Sie sinnvoll mit Ihrem Pferd arbeiten können. Es gibt Pferde, die sich gerne hinterherziehen lassen. Das wird auf Dauer anstrengend und im Falle eines Schreckmoments kann Sie ihr Pferd leicht umrennen. Dann gibt es Pferde, die gerne voraus gehen und den Menschen hinterherschleifen. Dies ist respektlos und ermöglicht ebenso kein gutes Arbeiten.

Haben Sie ein Pferd, das eher hinter Ihnen geht, müssen Sie es vorwärts zu Ihnen bringen. Hierbei können Sie impulsartig am Strick ziehen, jedoch keinen Dauerzug ausüben. Sie können aber auch mit der Gerte als treibende Hilfe arbeiten und zusätzlich das Pferd stimmlich motivieren.

Haben Sie ein Pferd, das gerne vorausprescht und Sie hinter sich lässt, korrigieren Sie es ebenso mit zupfenden, rückwärtsgerichteten Hilfen am

Strick. Ihre Energie richten Sie nach hinten. Hilft dies nichts, können Sie mit dem Pferd vor allem Halteparaden und Rückwärtsrichten üben, damit es lernt, bei Ihnen zu bleiben.

Prinzipiell sollten Sie auf Schulterhöhe des Pferdes führen, da Sie es so gut im Blick haben und eine perfekte Arbeitsposition einnehmen. Dennoch bietet es sich an, auch oben erwähnte Positionen öfter zu üben, sofern das Pferd gedanklich bei Ihnen bleibt. Dies bringt Abwechslung und kann durchaus sinnvoll sein. Wenn Sie beispielsweise spazieren gehen, kann es sein, dass das Pferd auf einem schmalen Waldweg hinter Ihnen gehen muss. Dies kann man schon zuhause gut üben.

Richtiges Anhalten und Antreten

Bevor Sie überhaupt mit dem richtigen Führtraining und in weiterer Folge der Bodenarbeit beginnen, sollten Sie sich sicher sein, Ihr Pferd jederzeit korrekt antreten und anhalten zu können:

Antreten – Schritt für Schritt:

• Sie stehen neben Ihrem Pferd, der Blick ist geradeaus gerichtet und der Oberkörper ebenso nach vorne in Gangrichtung ausgerichtet.

• Sie beugen Sich leicht nach vorne und geben eventuell ein Stimmkommando wie „Los".

• Tritt das Pferd noch nicht los, können Sie eine Gertenhilfe sanft in der Gurtlage einsetzen.

• Tritt es immer noch nicht los, setzen Sie die Gertenhilfe sanft an der Kruppe ein.

• Geht das Pferd los, gehen Sie mit.

• In weiterer Folge verschwimmen die Hilfen etwas miteinander und es wird ein gleichzeitiges Weggehen. Anfangs sollte man aber immer üben, das Pferd zeitlich vor einem selbst antreten zu lassen. Ansonsten wird sich das Pferd angewöhnen, sich von Ihnen hinterherziehen zu lassen.

Passen Sie auf, dass Sie dem Pferd nicht im Weg stehen. Oft gibt man die Hilfe zum Losgehen, blockiert dem Pferd aber den Weg nach vorne. Außerdem achten Sie auf einen geraden Oberkörper. Stehen Sie in sich zusammengesunken, machen Sie eher einen entspannten Eindruck und das Pferd wird sich ebenso entspannen und nicht aktiv werden.

Anhalten – Schritt für Schritt
• Sie stellen sich genau vor, an welchem Punkt Sie

anhalten wollen.

• Sie werden etwas langsamer und atmen dabei langsam aus.

• Sie geben dem Pferd ein Stimmkommando zum Halten, zum Beispiel „Uuuuund Haaaalt".

• Bleibt das Pferd nicht stehen, können Sie die Gerte als Begrenzung vor die Nase halten.

• Reicht dies ebenso nicht aus, zupfen Sie leicht am Strick oder Trense.

• Steht das Pferd immer noch nicht, drehen Sie sich mit erneutem Stimmkommando entgegen der Bewegungsrichtung vor die Pferdeschulter.

Beim Anhalten müssen Sie Energie aus der Situation nehmen. Demnach ist die langsame Ausatmung und das langgezogene Stimmkommando wichtig. Hält das Pferd nicht an, liegt dies oft an unerkanntem Stress. Vielleicht zerren Sie am Strick oder haben die Gerte in treibender Position gehalten. Denken Sie an Ruhe und Entspannung bei dieser Übung.

Das richtige Rückwärtsrichten
Das Rückwärtsrichten ist eine tolle Gymnastikübung, um einerseits die Hinterhand zu trainieren, andererseits auch Vertrauen aufzubauen, da das

Rückwärtsgehen für das Pferd eine Bewegung in den toten Winkel darstellt. Außerdem hat es etwas mit der Rangordnung zu tun. Das Pferd wird also nicht nach hinten weichen, wenn es Sie nicht respektiert.

Rückwärtsrichten – Schritt für Schritt

• Sie stehen neben dem Pferd und geben ein Stimmkommando wie „Zurüüüüück".

• Sie verlagern das Gewicht etwas nach hinten und neigen Ihren Oberkörper leicht rückwärts.

• Machen Sie langsam einen Schritt nach hinten.

• Reicht dies nicht aus, zupfen Sie etwas am Strick oder der Trense rückwärts.

• Geht das Pferd noch nicht mit, wedeln Sie leicht mit der Gerte vor der Nase des Pferdes.

Diese Übung ist ein Vertrauensbeweis, demnach können Sie sich anfangs auch mit dem kleinsten Ansatz nach hinten begnügen und das Pferd sofort loben. Richtet das Pferd zum Beispiel die Ohren nach hinten oder verlagert sein Gewicht auf die Hinterbeine, ist dies schon der erste ausreichende Schritt. Hier ist Pause und Lob gefragt. Sie können dann Schritt für Schritt mehrere Tritte erarbeiten.

Das ruhige Stehen

Für viele der nachfolgenden Übungen ist das ruhige Stehenbleiben des Pferdes unerlässlich. Das Pferd sollte solange an Ort und Stelle bleiben, wie Sie das möchten. Ein unruhiges Pferd, das nicht bei der Sache ist und nicht geduldig warten kann, ist die denkbar schlechteste Voraussetzung für ein aufmerksames und konzentriertes Zusammenarbeiten. Zusätzlich zeigt es wenig Respekt Ihnen gegenüber, wenn es sofort drängelt und unruhig wird. Außerdem gewährleistet aufmerksames Stehen auch die Sicherheit.

<u>Das ruhige Stehen – Schritt für Schritt</u>

• Halten Sie das Pferd an, wie Sie es in der vorherigen Übung „Anhalten" gelernt haben.

• Bleiben Sie selbst ruhig, aber aufmerksam stehen.

• Wird das Pferd ungeduldig und will vordrängeln, lassen Sie es einige Schritte rückwärtsgehen und bleiben erneut stehen.

• Wird das Pferd respektlos, sprich schubst es Sie sogar an, werden Sie energischer oder stupsen Sie das Pferd mit dem Gertengriff gegen die Schulter.

• Verlängern Sie die Stehphasen sukzessive.

• Üben Sie das Stehen nicht nur an der Bande, sondern auch fernab vom Hufschlag und auf beiden Seiten.

• Steigern Sie die Übung, indem das Pferd frei stehen bleiben soll. Lassen Sie hierzu den Strick einfach auf den Boden fallen und entfernen Sie sich wenige Meter. Zusätzlich sollten Sie nun ein Stimmkommando wie „Warte" einführen, damit das Pferd auch den Unterschied zwischen Mitkommen und Warten kennt. Kommen Sie anfangs schnell zurück und steigern die Zeit und den Abstand langsam. Geht das Pferd Ihnen nach oder folgt Ihnen nach kurzer Wartezeit, machen Sie einen abrupten Schritt auf das Pferd zu und sprechen erneut das Stimmkommando.

• Klappt dies gut, können Sie es ganz ohne Strick und Halfter (in einem geschlossenen Raum) üben.

Seien Sie hier geduldig und ruhig. Das Pferd wird selbst nicht gelassen sein, wenn Sie es nicht sind. Lassen Sie sich aber auch nicht auf ein Machtspiel mit dem Pferd ein und seien Sie konsequent, wenn es Sie anrempelt. Lassen Sie das Pferd anfangs nicht zu lange stehen, sonst flacht die Motivation des Pferdes ab und es versteht nicht, dass SIE die Übung beenden und nicht das Pferd selbst.

Vorhandwendung

Bei der Vorhandwendung bleiben die Vorderbeine an Ort und Stelle, während sich die Hinterbeine halbkreisförmig um die Vorhand drehen. Das Pferd macht eine 180°-Drehung und blickt danach in die andere Richtung. Dies kann man natürlich auf beiden Seiten üben:

<u>Vorhandwendung – Schritt für Schritt</u>

• Sie stehen neben der Schulter des Pferdes, mit Blick auf die Hinterhand. Soll das Pferd die Hinterbeine von Ihnen aus gesehen nach links wegtreten, stehen Sie von Ihnen aus gesehen auf der rechten Pferdeseite.

• Sie nehmen den Kopf des Pferdes leicht zu sich ran.

• Sie tippen mit der Gerte (in der rechten Hand) an die Hinterhand und geben ein Stimmkommando wie „Vorne drehen".

• Das Tippen mit der Gerte führen Sie solange aus, solange sich das Pferd drehen soll.

Bei dieser Übung ist die Fehlerquelle sehr gering. Sie selbst sollten jedoch ebenso wie die Vorhand des Pferdes an gleicher Stelle bleiben, da das Pferd sonst mit der Vorhand ausbricht und nach vorne oder rückwärts geht, anstatt sich sauber mit der Hinter-hand zu drehen.

Hinterhandwendung

Die Hinterhandwendung ist das Pendant zur Vor-handwendung. Hierbei bleiben die Hinterbeine ste-hen und die Vorhand dreht sich im Kreis.

• Sie stehen dem Pferd am Hufschlag gegenüber.

• Sie halten die Gerte während der gesamten Übung an der Außenseite parallel zum Pferd, um das Aus-brechen der Hinterhand zu vermeiden.

• Sie biegen den Hals leicht in die Bewegungsrich-tung, also weg von der Bande beziehungsweise Be-grenzung.

• Setzen Sie ein Stimmkommando wie „Hinten dre-hen" ein und gehen Sie mit der Vorhand einen Halb-kreis mit.

• Loben Sie das Pferd sofort, wenn es die ersten Schritte der Vorderbeine in Richtung Halbkreis macht, und pausieren Sie.

• Erarbeiten Sie sich langsam einen vollständigen Halbkreis.

Hier soll die Gerte nur als Begrenzung dienen und das Pferd nicht dauerhaft antippen. Ansonsten geht die Hinterhand seitwärts, obwohl sie am Platz drehen soll. Zusätzlich tritt oft der Fehler auf, dass sich der Mensch zu langsam im Halbkreis mitbewegt, sodass das Pferd unregelmäßige Schritte macht oder nach vorne ausweicht.

Schenkelweichen/Volltraversale
Das Schenkelweichen oder die Volltraversale ist eine reine Seitwärtsbewegung. Hierbei bewegt sich das Pferd seitlich vom Schenkel bzw. der Gerte weg und überkreuzt dabei sowohl die Vorder- als auch die Hinterbeine. Es lehrt dem Pferd, auf den Schenkel des Reiters zu reagieren, und kann auch über eine Stange geübt werden. Mehr dazu im Kapitel „Exkurs Stangenarbeit".

Volltraversale – Schritt für Schritt:
• Stellen Sie sich auf Kopfhöhe des Pferdes, Ihr Blick ist zum Pferd gerichtet. Halten Sie die Gerte waagrecht zum Pferdekörper. Wenn das Pferd von Ihnen aus nach links gehen soll, halten Sie die Gerte rechts.
• Geben Sie ein Stimmkommando wie „Seit" und touchieren den seitlichen Pferdekörper leicht klopfend.
• Verhindern Sie durch kurzgehaltenen Strick oder Zügel den Gang nach vorne.

- Gehen Sie langsam seitwärts mit und halten Sie dabei den Pferdekopf gerade.
- Senken Sie die Gerte erst, wenn Sie das Pferd anhalten wollen, und treten leicht vor den Pferdekopf.

Bei dieser Übung ist es von Vorteil, es zuerst an einer Bande oder Begrenzung zu versuchen. Somit kann das Pferd nicht nach vorne gehen und lernt, eine reine Seitwärtsbewegung zu machen. Wichtig bei dieser Übung ist vor allem, dass der Strick nicht zu lange ist. Ansonsten geht das Pferd oftmals im Kreis um Sie herum. Achten Sie darauf, die Gerte nicht zu stark einzusetzen, damit die Hinterhand nicht schneller wird als die Vorhand. Sie selbst sollten im Tempo des Pferdes gehen, um es im Seitwärts zu halten.

Übertreten

Das sogenannte Übertreten ist nichts anderes als Schenkelweichen auf einer gebogenen Linie. Es ist eine perfekte Übung, um zu dehnen und zu mobilisieren. Zusätzlich macht es erneut das Pferd mit den seitlich wirkenden Hilfen vertraut.

Übertreten – Schritt für Schritt

• Sie führen das Pferd auf einer großen Volte oder einem Zirkel.

• Im Gehen drehen Sie sich zum Pferd und stellen seinen Kopf noch weiter nach innen.

• Tritt das Pferd mit seinen Hinterbeinen noch nicht unter den Schwerpunkt, touchieren Sie mit der Gerte seine Hinterhand.

• Der Kopf sollte während der gesamten Übung zwar nach innen gestellt, aber nicht gebogen sein. Ansonsten weicht man schnell in eine andere Übung, das Schulterherein, ab.

Der häufigste Fehler ist, das Pferd immer mehr und mehr an der Hinterhand nach außen zu drängen. Dies ist aber dann ein Ausweichen der Hinterbeine und kein Übertreten. Das Pferd soll seine Beine unter den Schwerpunkt bewegen, also weit unter seinen eigenen Rumpf. Es soll nicht die Beine stark nach außen bewegen, was es aber bei zu starkem Touchieren der Gerte oder zu starker Innenstellung macht. Hier ist also weniger mehr.

Heranrufen des Pferdes

Das Heranrufen des Pferdes kann dann geübt werden, wenn man das freie Stehen und Warten bereits gut gemeistert hat. Dies ermöglicht es Ihnen, das Pferd auch von weiterer Distanz heranzuholen, wenn Sie es beispielsweise in der Halle geparkt haben, um einen Pferdehaufen wegzuräumen. Gelingt Ihnen diese Übung, ist dies ein wahres Geschenk: Es zeigt, wie stark Ihnen Ihr Pferd vertraut, Sie respektiert und Freude an der Zeit mit Ihnen hat. Diese Übung ist zusätzlich nützlich, wenn Sie es zum Beispiel aus weiter Entfernung von der Koppel heranrufen wollen.

Heranrufen des Pferdes – Schritt für Schritt:

• Parken Sie das Pferd irgendwo in der Halle oder am Platz, wie Sie es bereits bei der Übung „ruhiges Stehen" gelernt haben.

• Entfernen Sie sich nur einige Schritte vom Pferd und drehen sich dann zum Pferd um.

• Geben Sie ein Namenskommando wie „Balu, Komm" und locken Sie Ihr Pferd anfangs zusätzlich mit einem Leckerbissen.

• Kommt das Pferd nicht, gehen Sie etwas auf das Pferd zu, bis es auf das Leckerli reagiert. Danach locken oder führen Sie es weiter, bis an die Stelle, an der Sie zuvor gewartet haben. Erst dann darf das Pferd seine Belohnung essen.

• Dies üben Sie solange, bis das Pferd tatsächlich die ersten Schritte auf Sie zumacht.

• Wartet das Pferd jedoch nicht auf Ihr Kommando und geht früher los, stellen Sie es in aller Ruhe wieder auf seinen Platz, geben das gelernte Kommando zum ruhigen Stehen und üben Sie erneut.

Haben Sie dem Pferd das ruhige Stehenbleiben noch zu wenig konkret gelehrt, werden Sie mit dieser Übung noch keinen Erfolg haben. Das Pferd muss zuerst wissen, dass es stehen bleiben muss, auch wenn Sie sich entfernen. Zusätzlich sollten Sie diese beiden Übungen immer kombinieren. Lassen Sie das Pferd also stehen und kommen ab und an wieder zu dem Pferd zurück, ohne es heranzurufen. Ansonsten verlernt es das ruhige Stehen und wird nur darauf warten, Ihnen nachlaufen zu dürfen.

EXKURS ZIRKUSLEKTIONEN

Wie bereits erwähnt, sind Zirkuslektionen ein ganz eigener Bereich der Bodenarbeit, der das Pferd gymnastiziert und die Balance schult. Um einen kleinen Einblick zu gewinnen, stelle ich Ihnen zwei der beliebtesten Übungen vor:

Spanischer Gruß
Der spanische Gruß ist nicht nur eine Spielerei für zwischendurch, sondern eine tolle gymnastische Übung für die Schulter. Sie bildet die Vorübung für den spanischen Schritt und gilt als Grundlage für die Piaffe und Passage. Weiter bereitet der spanische Gruß den meisten Pferden viel Spaß und wird so oft leicht und schnell verstanden. Hierbei wird ein Vorderbein immer weit nach oben bis in die Waagrechte gehoben, kurz gehalten und wieder abgestellt.

Spanischer Gruß – Schritt für Schritt:
• Sie stehen seitlich am Pferd und touchieren ein Vorderbein des Pferdes immer wieder, bis es eine Reaktion zeigt. Dies kann anfangs ein Anspannen des Beines sein oder ein Muskelzittern, als ob das Pferd eine Fliege verscheucht. Auch Aufstampfen ist mög–

lich. Jede kleinste Reaktion wird anfangs belohnt.

• Führen Sie die Touchierübung mit einem passenden Stimmkommando wie „Hoch" einige Male auf beiden Vorderbeinen durch.

• Hat das Pferd die Touchierübung gelernt, belohnen Sie es nur noch, wenn es das Bein besonders hoch und weit hebt. Wedeln Sie hierzu leicht mit der Gerte in der Luft.

• Ziel ist es, dass das Pferd solange das Bein hebt, wie Sie mit der Gerte wedeln bzw. bis Sie die Gerte wieder senken.

Bei dieser Übung ist es wichtig, wirklich seitlich zum Pferd zu stehen. Steht man vor dem Pferd, steht man direkt im Bewegungsradius des Beines. Hebt das Pferd weit das Vorderbein an, ist man direkt in der Gefahrenzone und fängt ungewollt einen Hufschlag ab.

Die Verbeugung

Die Verbeugung ist eine tolle Dehnungsübung für das Pferd, die einige Pferde sogar von selbst des Öfteren einnehmen, um sich zu recken und zu strecken. Zusätzlich können Sie aus der Vorbeugung das Kompliment entwickeln.

Die Verbeugung - Schritt für Schritt

• Reichen Sie dem Pferd nahe am Boden vor den Vorderbeinen ein Leckerli.

• Danach geben Sie das Leckerli von hinten zwischen den Vorderbeinen durch. Somit lehren Sie dem Pferd, den Kopf immer tiefer und weiter nach hinten zu nehmen.

• Führen Sie dann ein Stimmkommando wie „Tief" ein oder klopfen Sie leicht mit der Gerte in die Gurtlage. Wählen Sie ein Kommando, das Sie immer so beibehalten. Hört das Pferd das Kommando bzw. spürt es die Gerte in Gurtlage, wird es schnell verstehen, dass es nach diesem Kommando ein Leckerli gibt, und von selbst den Kopf Richtung Boden strecken.

• Verlängern Sie die Phasen der Verbeugung, indem Sie das Pferd mit dem Leckerli locken, es aber nicht sofort verfüttern.

• Gehen Sie dazu über, das Leckerli erst nach der Verbeugung zu geben.

Die Verbeugung hält die Rückenmuskulatur und die Muskulatur der Vorderbeine elastisch, braucht aber Zeit. Sie können daher nicht alle Schritte in einer Einheit durchführen. Die Muskeln müssen sich erst nach und nach dehnen. Achten Sie hierbei also auf die individuelle Grenze Ihres Pferdes und versuchen Sie nicht, mit Gewalt den Kopf immer weiter nach hinten zu führen. Eine zu intensive Dehnung kann Schmerzen und Verletzungen hervorrufen.

Dehnung Rumpf

Die Muskeln des Pferdes sollen nicht nur gekräftigt, sondern auch gedehnt werden. Denn nur ein entspannter, elastischer Muskel kann effektiv arbeiten. Hat das Pferd viel verkürzte und somit verspannte Muskulatur, kann sich dieses in einem unrunden Gangbild, Schmerzen oder Schwierigkeiten bei diversen Lektionen äußern. Arbeiten Sie korrekt mit dem Pferd, ist ausreichende Dehnung und Mobilisierung bereits in der Arbeit inbegriffen.

Dennoch schadet eine extra Dehneinheit nicht: Am Anfang der Einheit können Sie dehnen, um das Pferd für die Lektionen aufzuwärmen. Sie werden den Unterschied bestimmt merken. Am Ende einer Einheit kann dehnen einem Muskelkater vorbeugen. Außerdem sind Dehnübungen besonders in der kalten Jahreszeit oder für Pferdesenioren super geeignet, um der Steifigkeit vorzubeugen.

Dehnung des Rumpfes – Schritt für Schritt

• Stellen Sie sich seitlich ans Pferd, ungefähr auf Bauchhöhe.

• Führen Sie den Pferdekopf am Strick oder Halfter zum seitlichen Bauch und lassen Sie den Pferdekopf dort kurz verharren. Sie können aber auch das Pferd mithilfe eines Leckerlis aktiv dorthin locken.

• Achten Sie auf die individuelle Grenze des Pferdes – nicht jedes Pferd ist gleich beweglich.

• Üben Sie diese Dehnung maximal fünf Mal pro Seite. Diese Übung dehnt und lockert zwar einerseits die gegenüberliegende Seite, kräftigt aber die Ihnen zugewandte Seite. Demnach kann man diese Übung mit schrägen Situps gleichsetzen und diese sind für das Pferd durchaus anstrengend.

Beim Dehnen im Allgemeinen gelten dieselben Regeln, wie sie vorhin bei der Verbeugung erwähnt wurden: Verlangen Sie anfangs nicht zu viel Bewegungsausmaß, sondern steigern Sie dieses langsam Tag für Tag, um keine zu starke Überdehnung hervorzurufen.

EXKURS STANGENARBEIT

Die Stangenarbeit an sich ist für alle Formen der Bodenarbeit eine gelungene und besonders effektive Belastungssteigerung: Sie können sowohl die klassische Dressurarbeit an der Hand als auch das Longieren oder die Freiarbeit mit Stangen kombinieren. Hier sind keine Grenzen gesetzt. Stangentraining bietet Abwechslung für Pferd und Mensch und erhöht den Trainingseffekt für Körper und Gehirn enorm.

Rückwärts über die Stange

Das Rückwärtsrichten haben Sie bereits ohne Stangen gelernt. Die Hilfen bleiben demnach völlig gleich. Mithilfe der Stange muss das Pferd jedoch seine Beine höher heben. Dies hat den Effekt, dass die Gelenke besser durchbewegt werden, das Pferd konzentrierter ist und vor allem die Hinterhand mehr trainiert wird. Zusätzlich steigert es die Beziehung zu Ihnen, da das Pferd hinten nichts sieht und somit auf ihre Führung vertrauen muss.

Rückwärts über die Stange – Schritt für Schritt

• Gehen Sie zuerst ein paar Mal vorwärts über die

Stange, damit Sie die Aufmerksamkeit des Pferdes haben.

• Führen Sie dann das Pferd nur mit den Vorderbeinen über die Stangen und halten Sie es an.

• Gehen Sie nun mit den gewohnten Hilfen zum Rückwärtstreten über die Stange retour. Lassen Sie dem Pferd Zeit – rückwärts über ein Hindernis ist keine leichte Aufgabe.

• Klappt dies, führen Sie das Pferd zuerst mit allen vier Beinen über die Stange und halten Sie es an.

• Führen Sie nun das Pferd mit den gewohnten Hilfen rückwärts, sodass es mit den Hinterbeinen über die Stange steigt, und halten Sie an.

• Klappt dies ebenso, können Sie üben, langsam Schritt für Schritt mit allen vier Beinen rückwärts über die Stange zu gehen.

Manche Pferde führen diese Übung ohne Schwierigkeiten aus. Andere hingegen haben große Probleme damit. Hier ist es leichter, wenn das Pferd auf einer Seite durch die Bande und auf der anderen Seite durch Sie begrenzt ist. Ganz ohne seitliche Hilfestellung weicht das Pferd oftmals aus. Ruhe ist bei dieser Lektion gefragt, da das Pferd keinesfalls hektisch werden, sondern die Übung mit Bedacht ausführen soll.

Das Stangen-L

Für das Stangen-L legen Sie sich – wie der Name schon sagt – eine L-förmige Gasse aus vier Stangen. Danach können Sie ihren Einfallsreichtum walten lassen. Es gibt unzählige Übungen, die Sie damit ausführen können:

• Vorwärts durch das L: Führen Sie das Pferd vorwärts durch das L, um die Aufmerksamkeit zu fördern und das Pferd biegsamer zu machen. Ist die Gasse eher breit, ist die Aufgabe leicht zu bewältigen. Ist sie eher schmal, muss sich das Pferd in der Ecke des L gut dehnen können.

• Halteparaden im L: Diese können in jedem Bereich der Gasse geübt werden und mit Antreten oder Rückwärtsrichten verbunden werden.

• Rückwärts durch das L: Üben Sie zuerst, nur Teilstücke des L rückwärts zu führen. Um die vollständige Gasse rückwärts zu gehen, muss das Pferd in der Ecke eine Vorhandwendung machen. Dies erfordert einiges an Übung und sollte zuerst ohne Gasse – wie in den Basisübungen erklärt – geübt werden.

• Vorwärts über die einzelnen Stangen

- Rückwärts über die einzelnen Stangen
- Volltraversale über eine Stange: Die Hilfestellung bleibt gleich wie ohne Stange. Die Stange am Boden kann aber dazu genutzt werden, verschiedene Aufgaben zu bewältigen. So können Sie zum Beispiel das Pferd mit den Vorderbeinen über die Stange steigen lassen, danach eine Volltraversale an das eine Ende der Stange und retour zu machen und danach das Pferd wieder rückwärts über die Stange zurücktreten lassen.

EXKURS „BODENARBEIT IN DER FREIEN NATUR":

Vielleicht wurde Ihnen in den beschriebenen Übungen der Eindruck vermittelt, dass eine Halle oder zumindest ein Platz für die Bodenarbeit unbedingt vonnöten ist. Dies ist aber natürlich keinesfalls so. Bodenarbeit lässt sich überall, auf dem kleinsten und engsten Platz üben. Ich möchte Ihnen hier noch ein paar Anregungen für Bodenarbeit während eines Spaziergangs geben:

- Schenkelweichen am Rand eines Weges: Schenkelweichen kann man wirklich überall einbauen. Als

Orientierungshilfe kann man die Randbegrenzung eines Weges nehmen. Aber auch auf einem weiten Wiesenweg ohne Begrenzung kann man dies super üben. Sie können aber auch auf einem breiteren Weg jeweils von der linken zur rechten Seite das Pferd schenkelweichen lassen.

• Rückwärtsrichten: Rückwärtsrichten benötigt ebenso wenig Platz. Ein perfektes Training für die Hinterhand ist beispielweise, wenn Sie ihr Pferd rückwärts bergauf gehen lassen. Das ist Training pur für die Gesäßmuskeln und wird ganz schön anstrengend. Suchen Sie anfangs eher kleinere und flachere Hügel und steigern Sie dieses Training langsam. Sie werden bald bemerken, wie schön rund und muskulös die Hinterhand Ihres Pferdes wird.

• Übergänge und Halteparaden: Bauen Sie das klassische Führtraining auch beim Spaziergang ein. Gehen Sie mal langsamer, mal flotter, traben Sie zwischendurch ein paar Meter oder bauen Sie Halteparaden ein. Dies fördert die Aufmerksamkeit und gestaltet den Spaziergang etwas spannender. Pferde, die im Gelände gerne das Kommando geben, werden somit ihre Konzentration wieder mehr auf Sie lenken. Eher faulere Pferde werden durch diese Übergänge aufgeweckt.

• Slalom durch die Bäume: Haben Sie einen Wald in der Nähe, in dem Sie auch fernab der Wege gehen dürfen, können Sie die Bäume als Slalomstangen benutzen. Nehmen Sie verschiedene Distanzen, sodass ihr Pferd sich mal mehr oder weniger biegen muss.

• Über Stock und Stein: Lassen Sie das Pferd über die verschiedensten Untergründe laufen. Das fördert ungemein die Trittsicherheit sowie die Stabilität des Pferdes. Außerdem lernt das Pferd seinen Körper besser kennen und gewinnt Selbstvertrauen. Wenn Sie Wege mit vielen Wurzeln oder gefällten Baumstämmen haben, nützen Sie diese als „Stangenarbeit der Natur". Zusätzlich haben Sie dann auch noch etwas für sich selbst getan. Seien Sie einfallsreich – die Natur ist das beste Fitnessstudio für Mensch und Pferd.

Nachwort

Wir sind nun am Ende dieses Buches angelangt und ich hoffe, mein Ziel, Sie für die Bodenarbeit zu begeistern, ist mir geglückt. Bestenfalls sind Sie nun mit genügend Grundwissen und Hintergrundinformationen ausgestattet, sodass Sie einerseits theoretisches Wissen anwenden und weitergeben können, andererseits mögliche Fehler in der Ausrüstung und Kommunikation erkennen und beheben können. Weiter hoffe ich, Sie ausreichend durch die praktischen Übungen geleitet zu haben. Somit können Sie diese nun pferdegerecht und sicher durchführen und auch die ein oder andere Herausforderung im Pferdealltag meistern. Setzen Sie das Gelernte, sofern Sie dies noch nicht getan haben, sogleich um. Learning by doing heißt es immer so schön und dies möchte ich Ihnen hiermit noch mitgeben. Lesen Sie nicht nur dieses Buch oder die vielen andere tollen Praxis-Bücher.

Schauen Sie sich nicht nur Lehrvideos an. MACHEN SIE! Denn nur Übung macht den Meister und niemand, der nicht übt, kann etwas perfektionieren. Die Freude sollte dabei auf der Prioritätenliste ganz oben stehen - bei Ihnen und Ihrem Pferd. Deshalb gehen Sie positiv auf neue Übungen zu und lernen sie vom Besten - Ihrem Pferd. Pferde sind wahre Lehrmeister und kein Buch und kein Video wird Ihnen so viel Wissen vermitteln und so viel lehren, wie es Ihr Pferd kann. Sie lernen schließlich im Umgang mit dem Pferd nicht nur etwas für ihre reiterliche Karriere, sondern vor allem fürs Leben.

In diesem Sinne - seinen Sie mutig, Neues zu probieren, lassen Sie sich auf Ihr Pferd ein und probieren Sie Dinge aus. Mit diesem Buch haben Sie den perfekten Grundstock gelegt. Egal, ob es Sie nun weiter in Richtung klassischer Dressurarbeit führt oder tiefer in die Stangengymnastik - finden Sie für sich und Ihr Pferd die nötige Abwechslung und vor allem hören Sie nie auf, mit Neuem anzufangen.

Danke für Ihr Interesse an dem Buch und viel Erfolg!

Herstellung und Verlag:

BoD – Books on Demand, Norderstedt

ISBN: 9783752621983

© Bianca Collmann 2020

1. Auflage

Kontakt: Psiana eCom UG/ Berumer Str. 44/ 26844 Jemgum

Covergestaltung: Fenna Larsson

Coverfoto: depositphotos.com